Impressum
Verlag: BABADADA GmbH, Nedderfeld 112 , 22529 Hamburg
Geschäftsführer / Verlagsleitung: Harald Hof
Druck: Books on Demand GmbH, In de Tarpen 42, 22848 Norderstedt

Imprint
Publisher: BABADADA GmbH, Nedderfeld 112 , 22529 Hamburg, Germany
Managing Director / Publishing direction: Harald Hof
Print: Books on Demand GmbH, In de Tarpen 42, 22848 Norderstedt, Germany

sekolah

школа

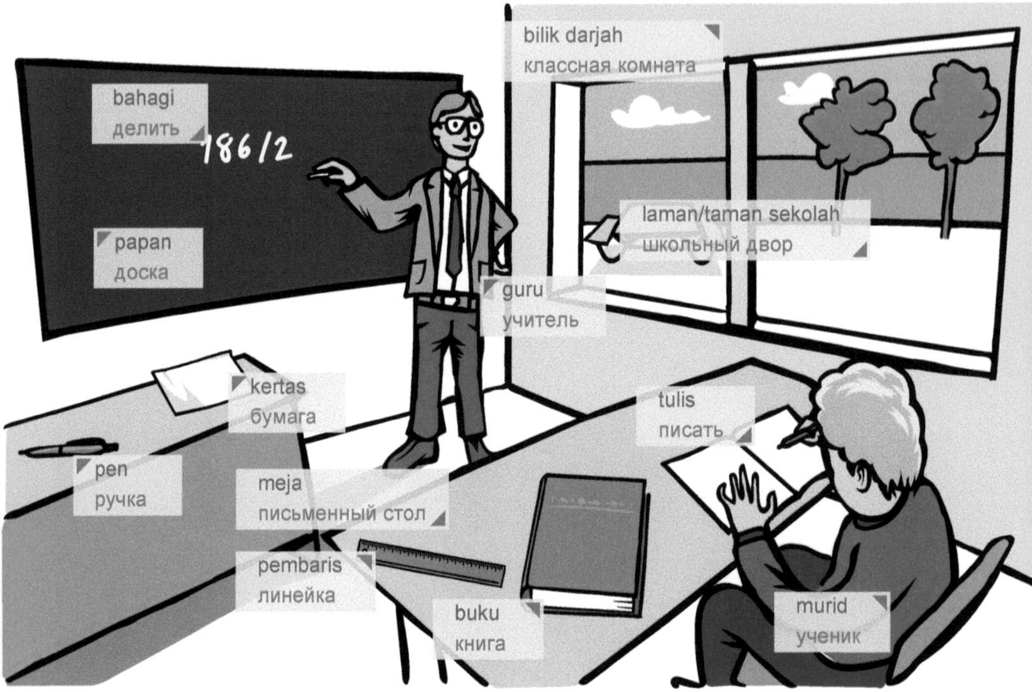

bilik darjah
классная комната
bahagi
делить
186/2
laman/taman sekolah
школьный двор
papan
доска
guru
учитель
kertas
бумага
tulis
писать
pen
ручка
meja
письменный стол
pembaris
линейка
buku
книга
murid
ученик

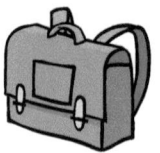

beg galas

ранец

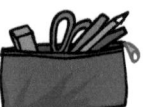

kotak pensel

пенал

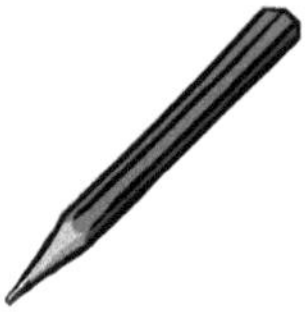

pensel

карандаш

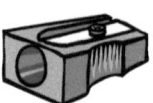

pengasah pensel

точилка

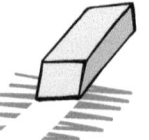

pemadam

ластик

kertas lukisan

альбом для рисования

melukis

рисунок

berus lukis

кисточка

kotak warna

коробка красок

gunting

ножницы

gam

клей

buku latihan

тетрадь

kerja rumah

домашняя работа

12

nombor

цифра

2+2

tambah

прибавлять

5-2

tolak

вычитать

2×2

darab

умножать

kira

считать

A

huruf

буква

ABCDEFG HIJKLMN OPQRSTU VWXYZ

abjad

алфавит

hello

kata

слово

teks

текст

baca

читать

kapur

мел

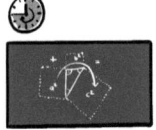

pelajaran

урок

daftar

классный журнал

peperiksaan

экзамен

sijil

диплом

uniform sekolah

школьная форма

pendidikan

образование

ensiklopedia

энциклопедия

universiti

университет

mikroskop

микроскоп

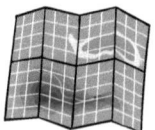

peta

карта

bakul sampah

корзина для бумаг

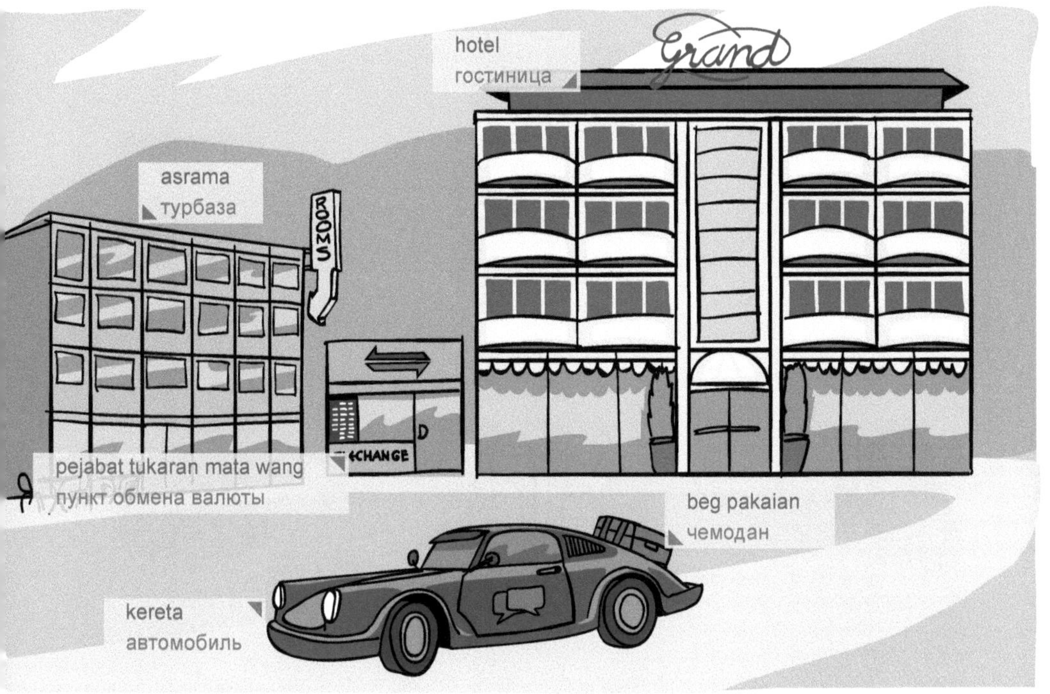

hotel
гостиница

asrama
турбаза

ROOMS

pejabat tukaran mata wang
пункт обмена валюты

ECHANGE

beg pakaian
чемодан

kereta
автомобиль

bahasa

язык

ya / tidak

да / нет

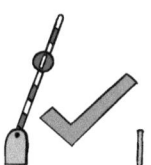

okey

хорошо

helo

Привет

penterjemah

переводчик

Terima kasih

Спасибо

berapa banyak...?

Сколько стоит...?

saya tidak faham

Я не понимаю

masalah

проблема

Selamat petang!

Добрый вечер!

Selamat Pagi!

Доброе утро!

Selamat Malam!

Доброй ночи!

selamat tinggal

До свидания

arah

направление

bagasi

багаж

beg

сумка

beg galas

рюкзак

tetamu

гость

bilik tidur

комната

beg tidur

спальный мешок

khemah

палатка

maklumat pelancong

туристическая
информация

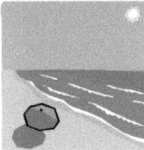

pantai

пляж

kad kredit

кредитная карточка

sarapan

завтрак

makan tengah hari

обед

makan malam

ужин

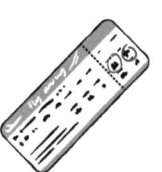

tiket

билет

lif

лифт

setem

почтовая марка

sempadan

граница

kastam

таможня

kedutaan

посольство

visa

виза

pasport

паспорт

pengangkutan
транспорт

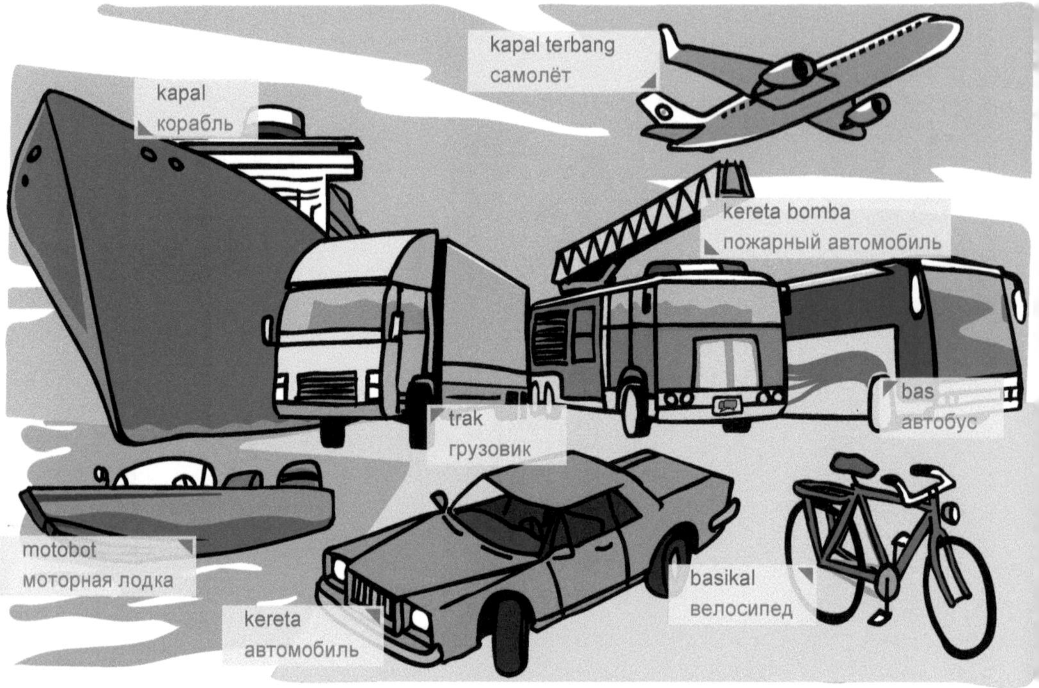
kapal terbang
самолёт
kapal
корабль
kereta bomba
пожарный автомобиль
bas
автобус
trak
грузовик
motobot
моторная лодка
basikal
велосипед
kereta
автомобиль

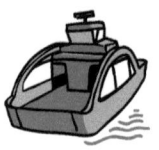

feri
....
паром

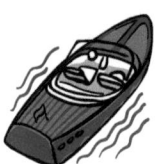

bot
....
лодка

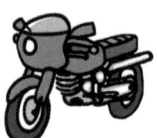

motosikal
....
мотоцикл

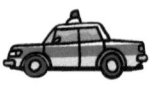

kereta polis
....
полицейский автомобиль

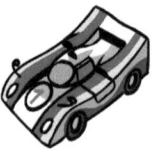

kereta lumba
....
гоночный автомобиль

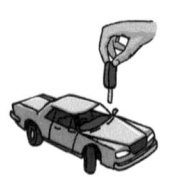

kereta sewa
....
арендованный
автомобиль

berkongsi kereta

совместное пользование
автомобилями

trak tunda

буксировочный
автомобиль

trak menolak

мусоровоз

motor

двигатель

bahan api

топливо

stesen minyak

заправка

tanda trafik

дорожный знак

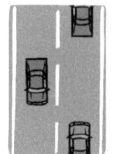

trafik

движение

kesesakan lalu lintas

пробка

tempat parkir

автостоянка

stesen kereta api

вокзал

trek

рельсы

kereta api

поезд

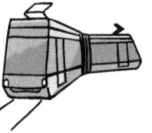

trem

трамвай

gerabak

вагон

helikopter

вертолёт

lapangan terbang

аэропорт

Menara

вышка

penumpang

пассажир

bekas

контейнер

kadbod

коробка

kart

тележка

bakul

корзина

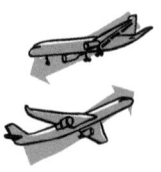

berlepas / mendarat

взлетать / приземляться

bandar

город

kampung

деревня

pusat bandar

центр города

rumah

дом

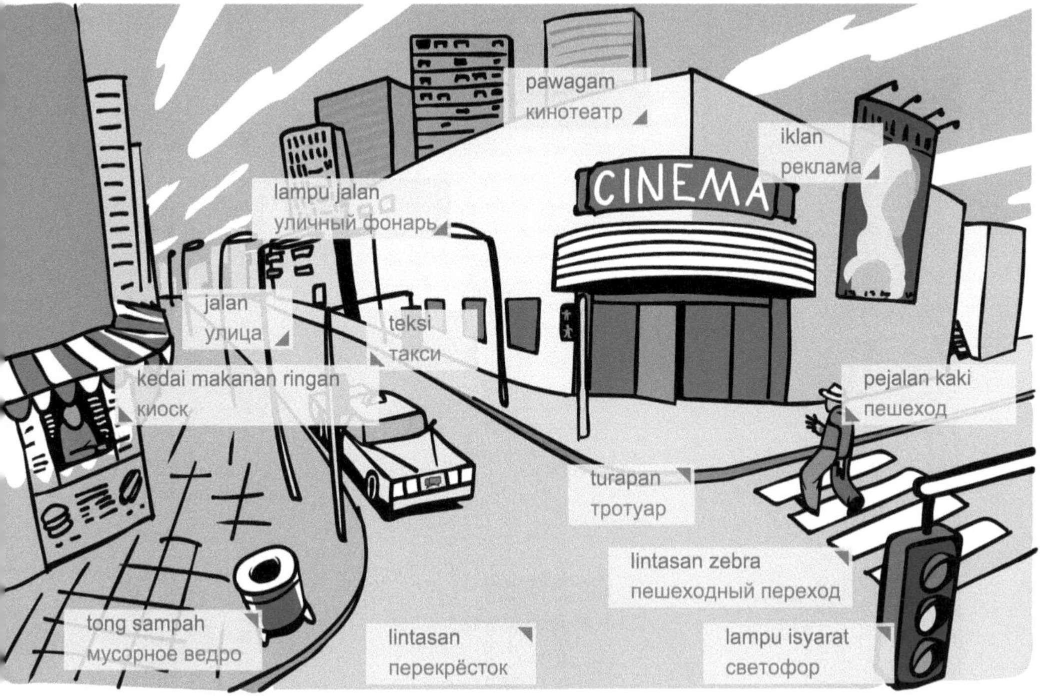

pawagam
кинотеатр

iklan
реклама

lampu jalan
уличный фонарь

jalan
улица

teksi
такси

kedai makanan ringan
киоск

CINEMA

pejalan kaki
пешеход

turapan
тротуар

lintasan zebra
пешеходный переход

tong sampah
мусорное ведро

lintasan
перекрёсток

lampu isyarat
светофор

pondok

хижина

flat

квартира

stesen kereta api

вокзал

dewan bandar

ратуша

muzium

музей

sekolah

школа

bandar - город

universiti

университет

bank

банк

hospital

больница

hotel

гостиница

farmasi

аптека

pejabat

офис

kedai buku

книжный магазин

kedai

магазин

kedai bunga

цветочный магазин

pasar raya

супермаркет

pasaran

рынок

gedung

универмаг

penjual ikan

торговец рыбой

pusat membeli-belah

торговый центр

pelabuhan

порт

taman

парк

bangku

скамейка

jambatan

мост

tangga

лестница

bawah tanah

метро

terowong

тоннель

hentian bas

автобусная остановка

bar

бар

restoran

ресторан

peti surat

почтовый ящик

papan tanda jalan

табличка с названием
улицы

meter parkir

паркометр

zoo

зоопарк

kolam renang

бассейн

masjid

мечеть

ladang

ферма

pencemaran

загрязнение окружающей среды

tanah perkuburan

кладбище

gereja

церковь

taman permainan

детская площадка

kuil

храм

landskap

ландшафт

daun
лист

tiang tanda
дорожный указатель

jalan
дорога

padang rumput
луг

batu
камень

pokok
дерево

pejalan kaki
путешественник

sungai
река

rumput
трава

bunga
цветок

lembah

долина

bukit

гора

tasik

озеро

hutan

лес

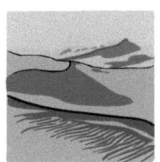

padang pasir

пустыня

gunung berapi

вулкан

istana

замок

pelangi

радуга

cendawan

гриб

pokok kelapa sawit

пальма

nyamuk

комар

terbang

муха

semut

муравей

lebah

пчела

labah-labah

паук

landskap - ландшафт 15

kumbang

жук

katak

лягушка

tupai

белка

landak

еж

arnab

заяц

burung hantu

сова

burung

птица

angsa

лебедь

babi jantan

кабан

rusa

олень

moose

лось

empangan

плотина

turbin angin

ветряной генератор

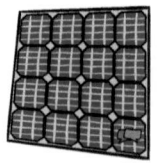

panel solar

солнечная батарея

iklim

климат

landskap - ландшафт

restoran

ресторан

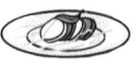

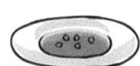

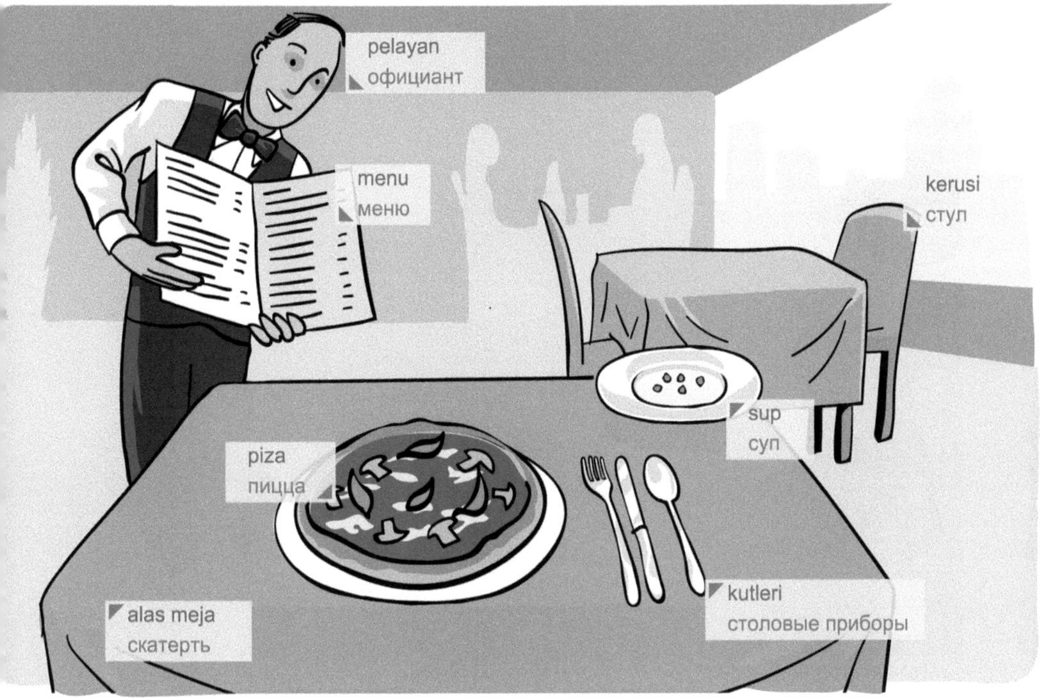

pelayan
официант
menu
меню
kerusi
стул
sup
суп
piza
пицца
kutleri
столовые приборы
alas meja
скатерть

pemula
закуска

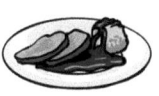

hidangan utama
главное блюдо

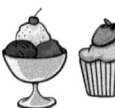

pencuci mulut
десерт

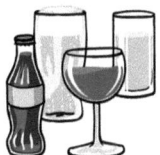

minuman
напитки

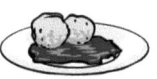

makanan
еда

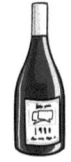

botol
бутылка

makanan segera

фастфуд

makanan jalanan

уличная еда

teko

чайник

mangkuk gula

сахарница

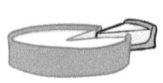

bahagian

порция

mesin espreso

кофеварка

kerusi tinggi

детский стульчик

bil

счет

dulang

поднос

pisau

нож

garfu

вилка

sudu

ложка

sudu teh

чайная ложка

serviette

салфетка

gelas

стакан

restoran - ресторан

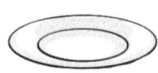

pinggan

тарелка

mangkuk sup

суповая тарелка

piring

блюдце

sos

соус

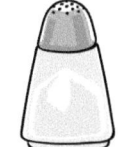

tempat garam

солонка

pengisar lada

мельница для перца

cuka

уксус

minyak

масло

rempah

специи

sos

кетчуп

mustard

горчица

mayones

майонез

pasar raya

супермаркет

tawaran istimewa
специальное предложение
FOR
pelanggan
покупатель
tenusu
молочные продукты
buah-buahan
фрукты
troli
тележка для покупок

BUTCHERS

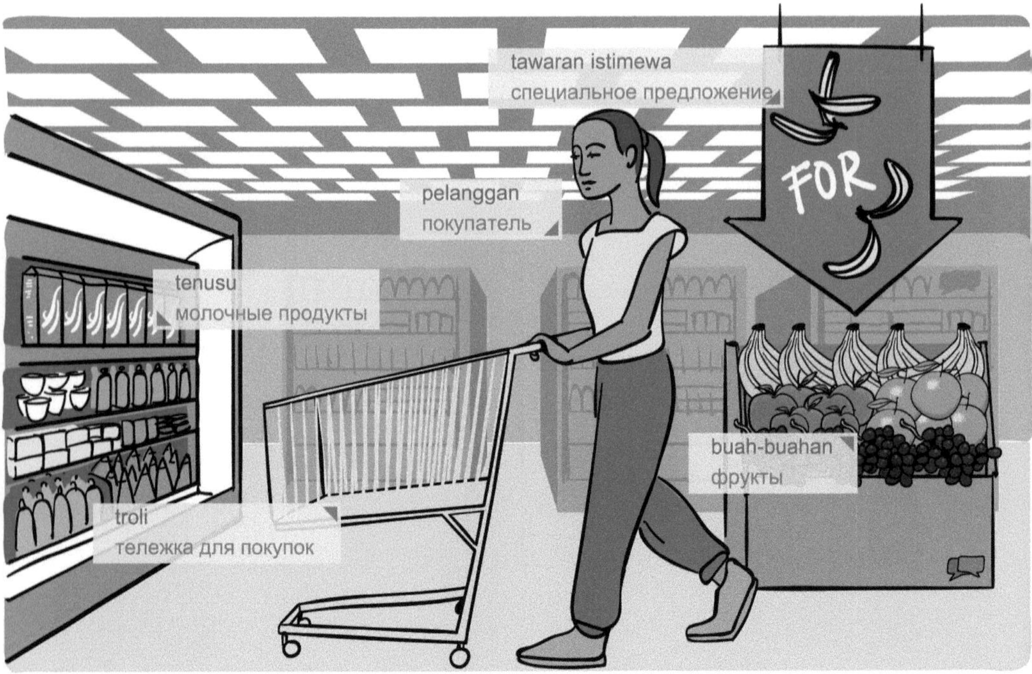

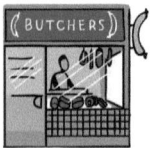

tukang daging

мясной магазин

BAKERY

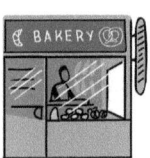

kedai roti

пекарня

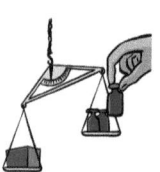

berat

взвешивать

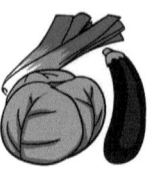

sayur-sayuran

овощи

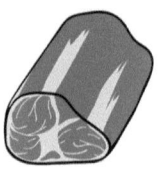

daging

мясо

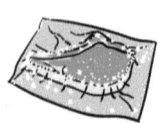

makanan sejuk beku

быстрозамороженные продукты

daging sejuk

нарезка

makanan dalam tin

консервы

serbuk pencuci

стиральный порошок

gula-gula

сладости

produk isi rumah

предмет домашнего обихода

produk pembersihan

моющее средство

orang jualan

продавщица

daftar tunai

касса

juruwang

кассир

senarai membeli-belah

список покупок

waktu pembukaan

время работы

beg duit

бумажник

kad kredit

кредитная карточка

beg

сумка

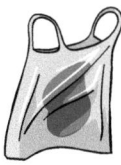

beg plastik

полиэтиленовый пакет

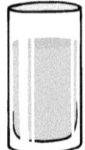

air

вода

jus

сок

susu

молоко

kola

кока-кола

wain

вино

bir

пиво

alkohol

алкоголь

koko

какао

the

чай

kopi

кофе

espreso

эспрессо

kapucino

капучино

pisang

банан

epal

яблоко

oren

апельсин

tembikai

арбуз

lemon

лимон

lobak merah

морковь

bawang putih

чеснок

buluh

бамбук

bawang

лук

cendawan

гриб

kacang

орехи

mi

лапша

spageti

спагетти

nasi

рис

salad

салат

kerepek

картофель фри

kentang goreng

жареный картофель

piza

пицца

hamburger

гамбургер

sandwic

сэндвич

kutlet

шницель

ham

ветчина

salami

салями

sosej

колбаса

ayam

курица

panggang

жаркое

ikan

рыба

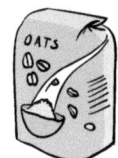

bubur oat

овсяные хлопья

muesli

мюсли

emping jagung

кукурузные хлопья

tepung

мука

kroisan

круассан

roti roll

булочка

roti

хлеб

roti bakar

тост

biskut

печенье

mentega

масло

dadih

творог

kek

пирог

telur

яйцо

telur goreng

яичница

keju

сыр

ais krim

мороженое

gula

сахар

madu

мёд

jem

мармелад

krim nougat

крем с нугой

kari

карри

ladang

ферма

rumah ladang
крестьянский дом
bangsal
сарай
bandela jerami
тюк из соломы
bidang
поле
kuda
лошадь
treler
прицеп
anak kuda
жеребёнок
traktor
трактор
keldai
осёл
biri-biri
овца
kambing
ягнёнок

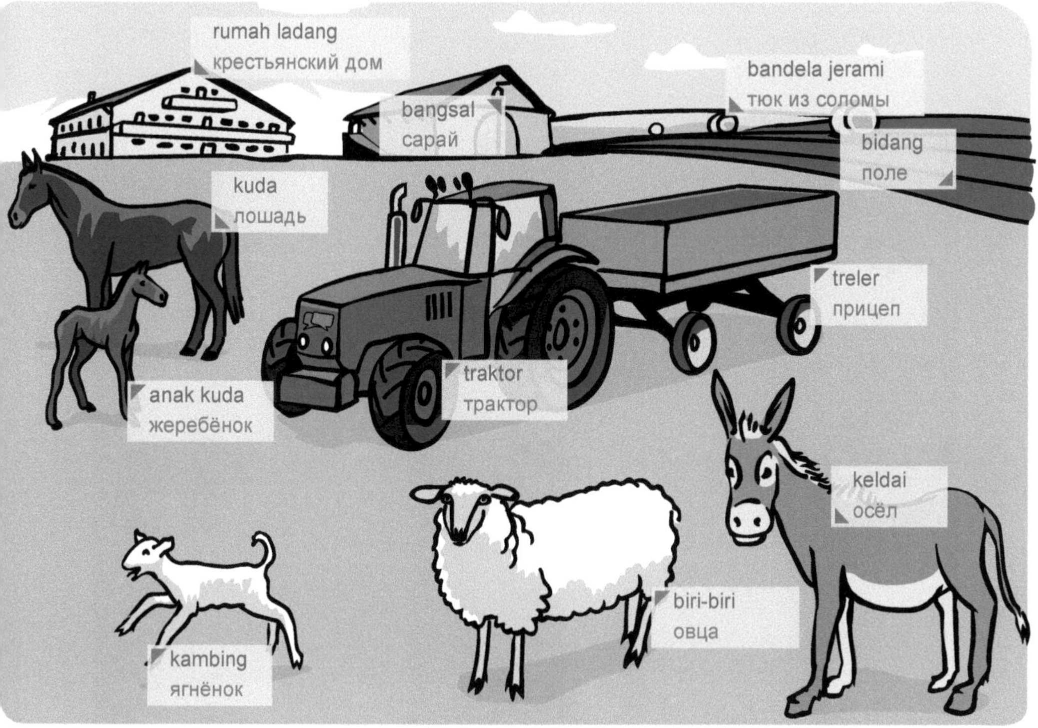

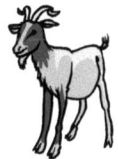

kambing

коза

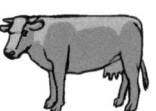

lembu

корова

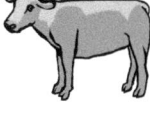

anak lembu

телёнок

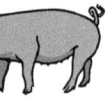

babi

свинья

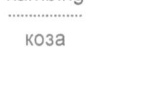

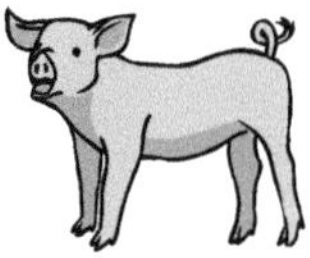

anak babi

поросёнок

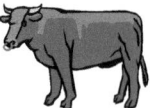

lembu

бык

angsa

гусь

itik

утка

anak ayam

цыплёнок

ayam betina

курица

ayam jantan muda

петух

tikus

крыса

kucing

кошка

tikus

мышь

lembu jantan

вол

anjing

собака

rumah anjing

конура

hos taman

садовый шланг

bekas siraman

лейка

sabit

коса

bajak

плуг

sabit

серп

cangkul

мотыга

serampang peladang

навозные вилы

kapak

топор

kereta sorong

тачка

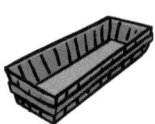

palung

корыто

tin susu

бидон для молока

karung

мешок

pagar

забор

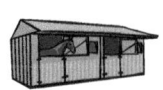

stabil

хлев

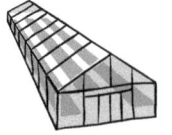

rumah hijau

теплица

tanah

почва

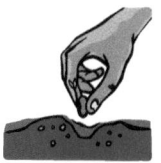

benih

посев

baja

удобрение

jentuai

комбайн

tuai

собирать урожай

menuai

урожай

keladi

ямс

gandum

пшеница

soya

соя

kentang

картофель

jagung

кукуруза

biji sawi

рапс

pokok buah-buahan

фруктовое дерево

ubi kayu

маниок

bijirin

злаки

ladang - ферма

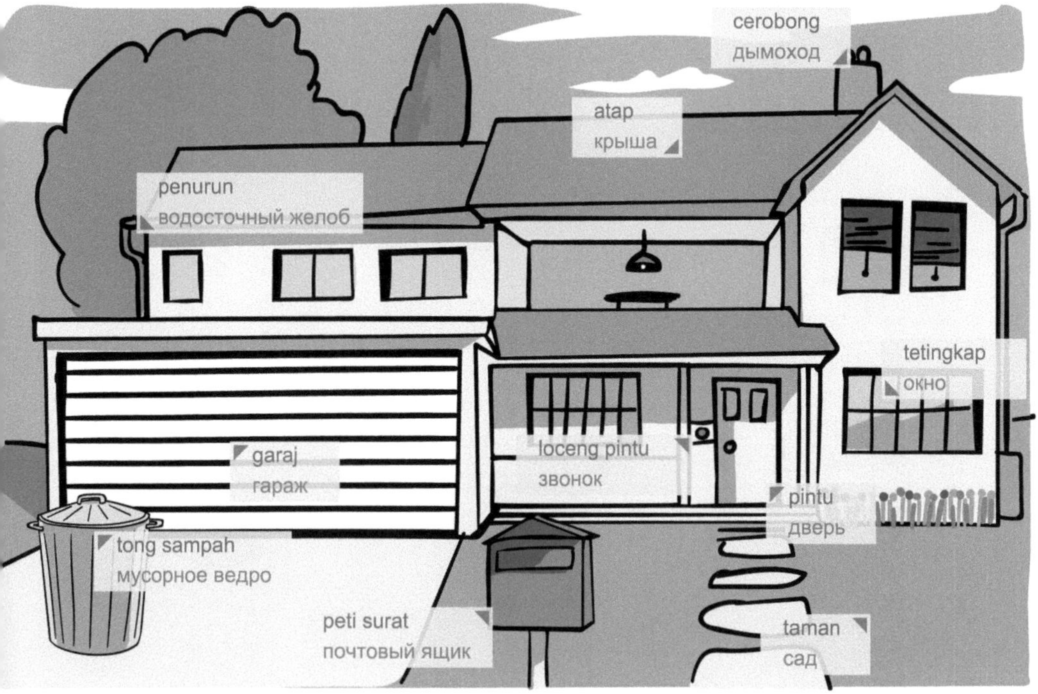

cerobong
дымоход

atap
крыша

penurun
водосточный желоб

tetingkap
окно

garaj
гараж

loceng pintu
звонок

pintu
дверь

tong sampah
мусорное ведро

peti surat
почтовый ящик

taman
сад

ruang tamu

гостиная

bilik air

ванная комната

dapur

кухня

bilik tidur

спальня

bilik kanak-kanak

детская комната

ruang makan

столовая

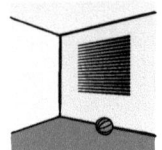

lantai

пол

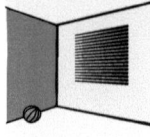

dinding

стена

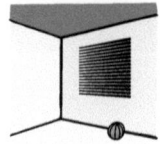

siling

потолок

bilik bawah tanah

подвал

sauna

сауна

balkoni

балкон

teres

терраса

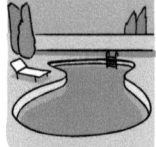

kolam renang

бассейн

pemotong rumput

газонокосилка

lembaran

пододеяльник

penutup tilam

покрывало

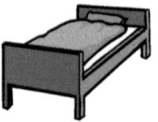

katil

кровать

penyapu

метла

timba

ведро

suis

выключатель

ruang tamu
гостиная

kertas dinding
обои
gambar
рисунок
lampu
лампа
rak
полка
kabinet
шкаф
televisyen
телевизор
pendiangan
камин
bunga
цветок
kusyen
подушка
sofa
диван
pasu
ваза
alat kawalan jauh
пульт дистанционного управления

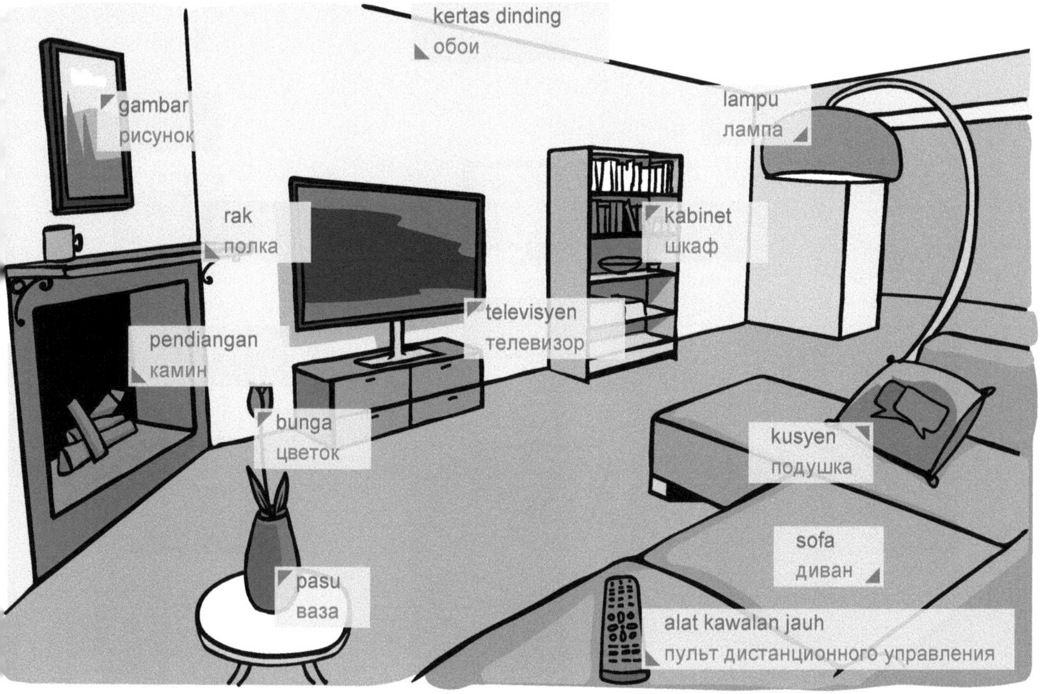

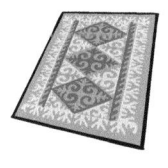

permaidani

ковёр

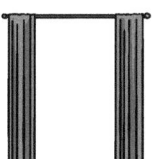

tirai

штора

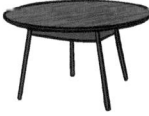

meja

стол

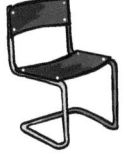

kerusi

стул

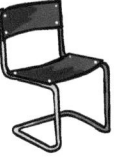

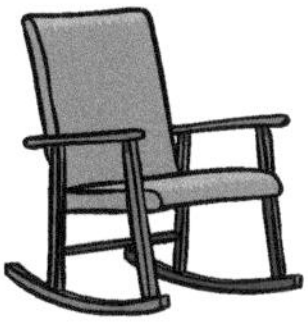

kerusi malas

кресло-качалка

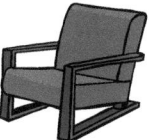

kerusi

кресло

buku

книга

selimut

покрывало

hiasan

украшение

kayu api

дрова

filem

фильм

hi-fi

стереосистема

kunci

ключ

akhbar

газета

lukisan

картина

poster

плакат

radio

радио

buku catatan

блокнот

penyedut habuk

пылесос

kaktus

кактус

lilin

свеча

dapur
кухня

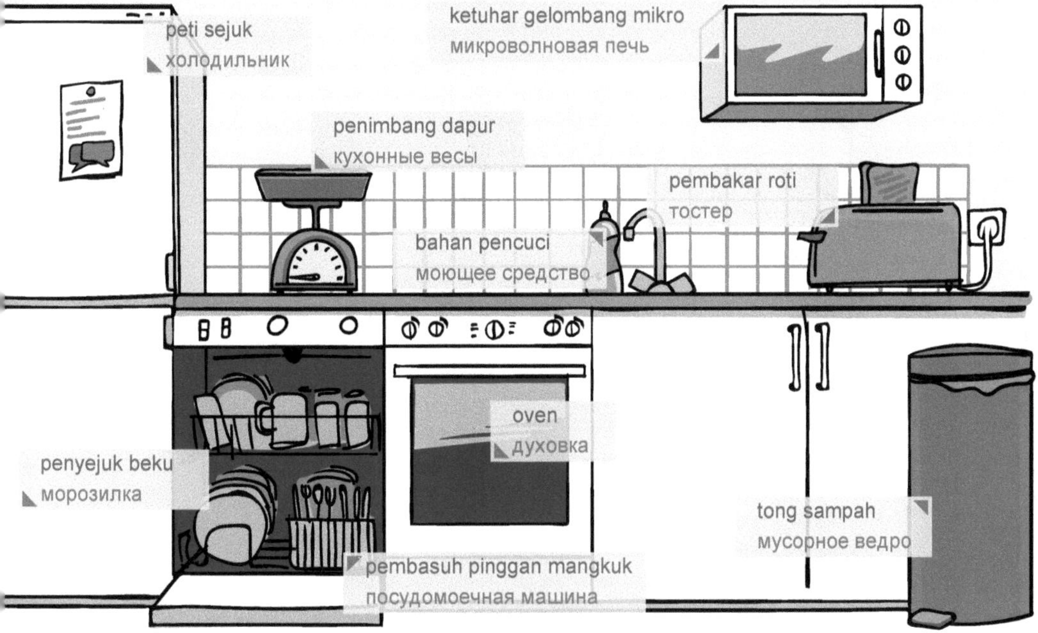

peti sejuk
холодильник
ketuhar gelombang mikro
микроволновая печь
penimbang dapur
кухонные весы
pembakar roti
тостер
bahan pencuci
моющее средство
oven
духовка
penyejuk beku
морозилка
tong sampah
мусорное ведро
pembasuh pinggan mangkuk
посудомоечная машина

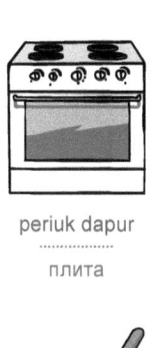

periuk dapur

плита

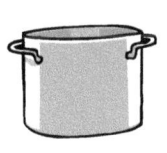

periuk

кастрюля

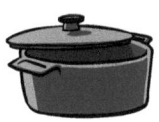

periuk besi

чугунный котелок

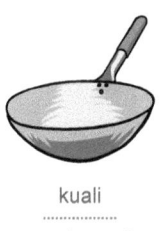

kuali

вок / кадай

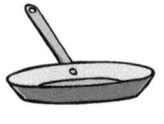

pan

сковорода

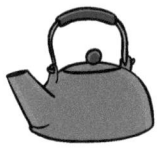

cerek

чайник

pengukus

пароварка

dulang pembakar

противень

pinggan mangkuk

посуда

koleh

кружка

mangkuk

миска

penyepit

палочки для еды

senduk

половник

spatula

лопатка

pengadun

сбивалка

penapis

сито

ayak

сито

pemarut

тёрка

mortar

ступка

barbeku

гриль

pembakaran terbuka

костёр

papan pencincang

доска

pin golekan

скалка

skru gabus

штопор

tin

жестяная банка

pembuka tin

консервный нож

pemegang periuk

прихватка

sinki

раковина

berus

щетка

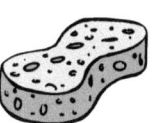

span

губка

pengisar

миксер

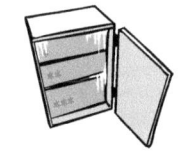

penyejuk beku

морозильная камера

botol bayi

бутылочка для кормления

paip

кран

bilik air

ванная комната

pemanasan
отопление
mandi
душ
tuala
полотенце
tirai mandi
душевая занавеска
mandi buih
пенистая ванна
tab mandi
ванна
gelas
стакан
mesin basuh
стиральная машина
paip
кран
jubin
плитка
tandas
горшок
sinki
раковина

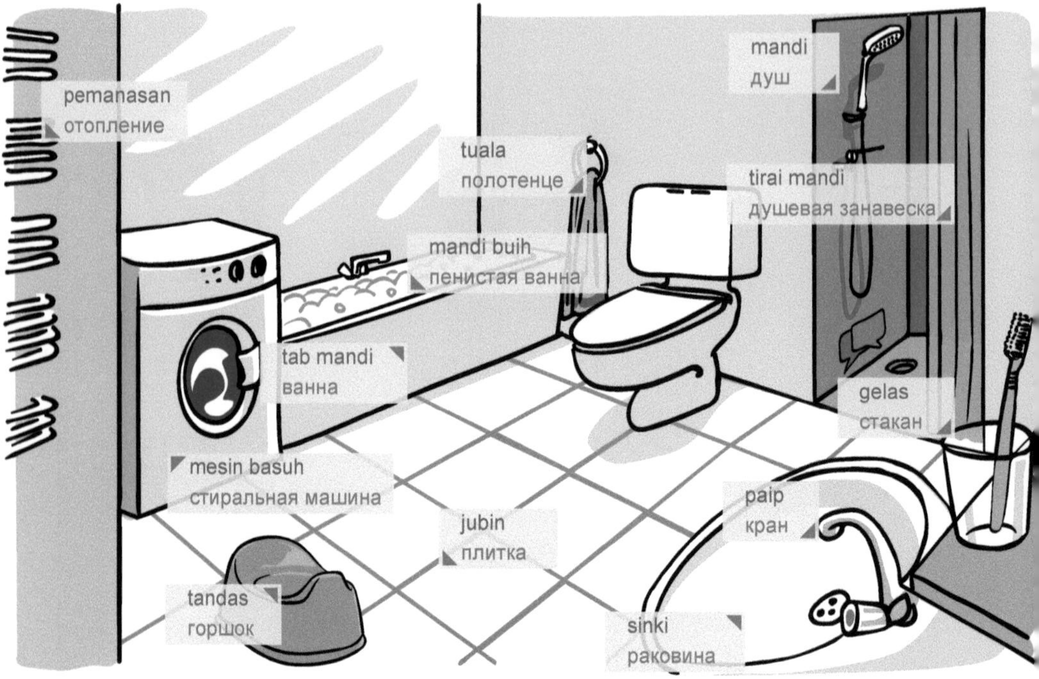

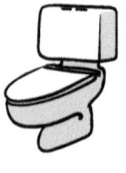

tandas

туалет

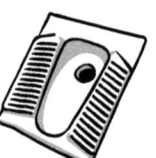

tandas mencangkung

напольный унитаз

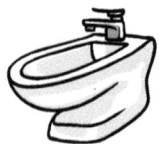

mangkuk tandas

биде

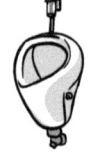

tandas awam

писсуар

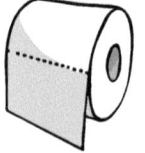

kertas tandas

туалетная бумага

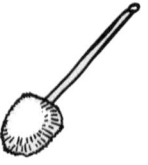

berus tandas

ершик

berus gigi

зубная щетка

ubat gigi

зубная паста

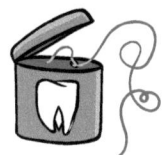

flos gigi

зубная нить

cuci

мыть

mandian tangan

ручной душ

pancuran

интимный душ

besen

таз

belakang berus

щетка для спины

sabun

мыло

gel mandian

гель для душа

syampu

шампунь

flanel

мочалка

longkang

сток

krim

крем

deodoran

дезодорант

cermin

зеркало

cermin tangan

ручное зеркало

pisau cukur

бритва

busa cukur

пена для бритья

selepas cukur

лосьон после бритья

sikat

расческа

berus

щетка

pengering rambut

фен

semburan rambut

лак для волос

mekap

косметика

gincu

губная помада

varnis kuku

лак для ногтей

bulu kapas

вата

gunting kuku

маникюрные ножницы

pewangi

духи

beg basuhan

косметичка

bangku

табуретка

skala berat

весы

jubah mandi

халат

sarung tangan getah

резиновые перчатки

kapas

тампон

tuala wanita

гигиеническая прокладка

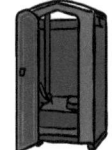

tandas kimia

биотуалет

bilik kanak-kanak

детская комната

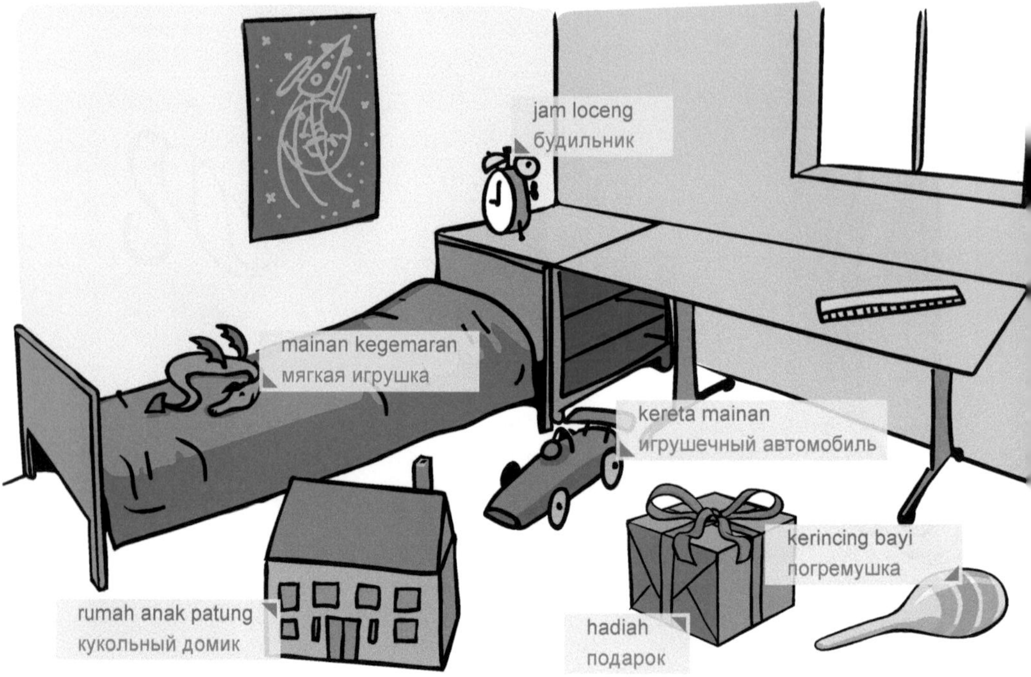
jam loceng
будильник
mainan kegemaran
мягкая игрушка
kereta mainan
игрушечный автомобиль
kerincing bayi
погремушка
rumah anak patung
кукольный домик
hadiah
подарок

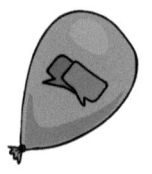

belon

воздушный шар

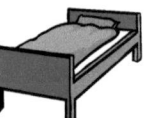

katil

кровать

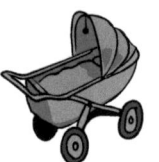

kereta sorong bayi

детская коляска

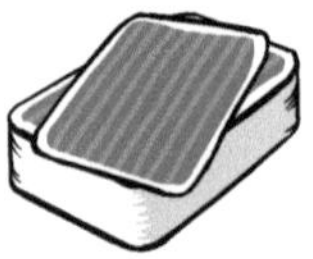

set kad

карточная игра

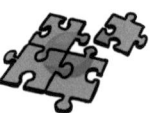

susun suai gambar

пазл

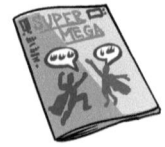

komik

комикс

batu bata lego

кирпичики Лего

blok mainan

кубики

figura aksi

игрушечная фигурка

baju bayi

ползунки

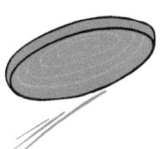

frisbee

фрисби

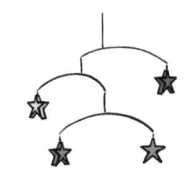

mainan bayi mudah alih

мобиле

permainan papan

настольная игра

dadu

кубик

set model kereta api

модель железной дороги

palsu

соска

parti

вечеринка

buku bergambar

книга с картинками

bola

мяч

anak patung

кукла

main

играть

lubang pasir

песочница

buai

качели

mainan

игрушка

konsol permainan video

игровая приставка

basikal roda tiga

трёхколесный велосипед

anak patung beruang

плюшевый медвежонок

almari pakaian

шкаф для одежды

pakaian

одежда

stoking

носки

stoking

чулки

ketat

колготки

skarf
шарф

payung
зонтик

kemeja-t
футболка

g/keselamatan

but
сапоги

selipar
тапки

kasut sukan
кроссовки

sandal
....
сандалии

kasut
....
ботинки

but getah
....
резиновые сапоги

seluar dalam
....
трусы

coli
....
бюстгальтер

ves
....
майка

badan

боди

Seluar panjang

брюки

jean

джинсы

skirt

юбка

blaus

блузка

kemeja

рубашка

baju panas sarung

свитер

sweater

свитер

blazer

спортивная куртка

jaket

жакет

kot

пальто

baju hujan

плащ

kostum

костюм

pakaian

платье

baju pengantin

свадебное платье

sut

мужской костюм

baju tidur

ночная сорочка

baju tidur

пижама

sari

сари

skarf kepala

платок

serban

тюрбан

burqa

паранджа

kaftan

кафтан

abaya/jubah

абайя

baju renang

купальник

seluar renang

плавки

seluar pendek

шорты

sut balapan

спортивный костюм

apron

фартук

sarung tangan

перчатки

butang

пуговица

cermin mata

очки

gelang tangan

браслет

rantai leher

цепочка

cincin

кольцо

subang

серьга

topi

шапка

penyangkut kot

вешалка

topi

шляпа

tali leher

галстук

zip

застежка молния

topi keledar

шлем

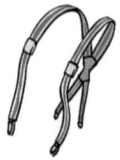

pendakap

подтяжки

uniform sekolah

школьная форма

seragam

форма

lapik dada

детский нагрудник

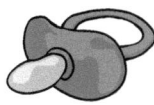

palsu

соска

lampin

подгузник

pejabat
офис

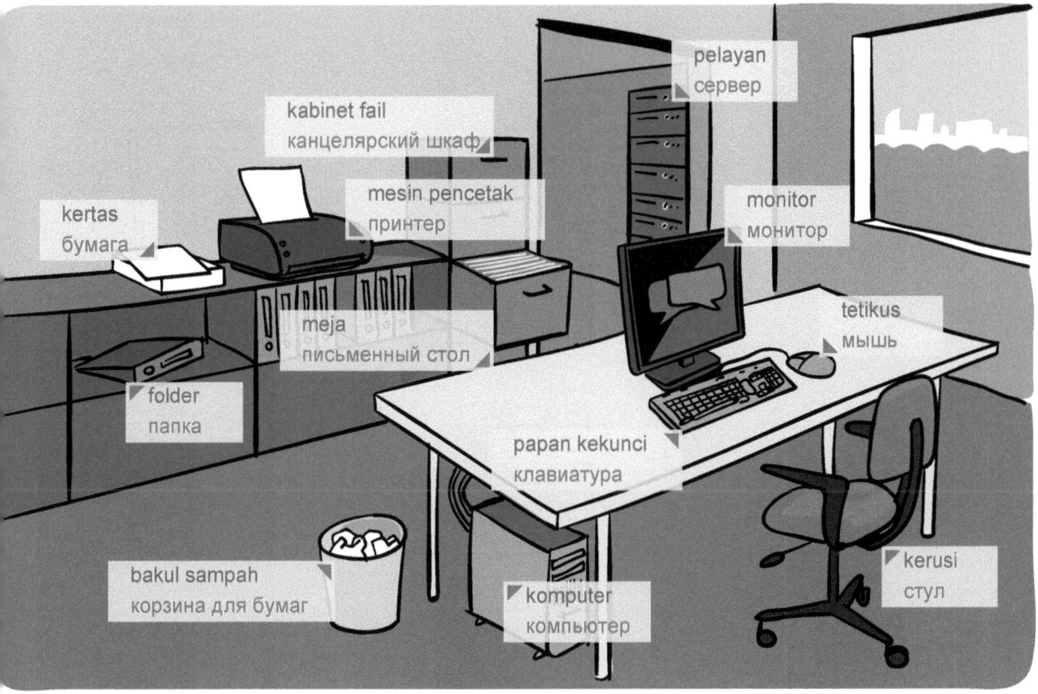

kabinet fail
канцелярский шкаф

pelayan
сервер

mesin pencetak
принтер

monitor
монитор

kertas
бумага

meja
письменный стол

tetikus
мышь

folder
папка

papan kekunci
клавиатура

bakul sampah
корзина для бумаг

komputer
компьютер

kerusi
стул

cawan kopi

кофейная кружка

kalkulator

калькулятор

internet

интернет

komputer riba

ноутбук

surat

письмо

mesej

сообщение

mudah alih

мобильный телефон

rangkaian

сеть

mesin fotokopi

ксерокс

perisian

программа

telefon

телефон

soket plag

розетка

mesin faks

факс

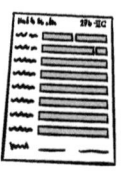

bentuk

формуляр

dokumen

документ

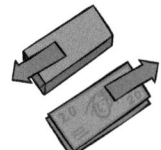

beli

покупать

bayar

платить

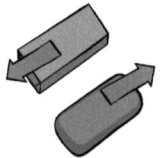

berdagang

торговать

wang

деньги

dolar

доллар

euro

евро

yen

иена

rubel

рубль

franc swiss

франк

renminbi yuan

жэньминьби юань

rupee

рупия

mata tunai

банкомат

pejabat tukaran mata wang

пункт обмена валюты

emas

золото

perak

серебро

minyak

нефть

tenaga

энергия

harga

цена

kontrak

договор

cukai

налог

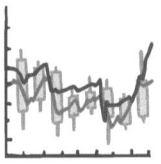

stok

акция

kerja

работать

pekerja

служащий

majikan

работодатель

kilang

фабрика

kedai

магазин

pegawai polis
милиционер

ahli bomba
пожарный

tukang masak
повар

doktor
врач

juruterbang
пилот

tukang kebun

садовник

tukang kayu

столяр

tukang jahit

швея

hakim

судья

ahli kimia

химик

pelakon

актёр

pemandu bas

водитель автобуса

pemandu teksi

таксист

nelayan

рыбак

wanita pencuci

уборщица

kasau

кровельщик

pelayan

официант

pemburu

охотник

pelukis

художник

bakeri

пекарь

juruelektrik

электрик

pembangun

строитель

jurutera

инженер

penjual daging

мясник

tukang paip

сантехник

posmen

почтальон

askar

солдат

arkitek

архитектор

juruwang

кассир

kedai bunga

флорист

pendandan rambut

парикмахер

konduktor

кондуктор

mekanik

механик

kapten

капитан

doktor gigi

зубной врач

ahli sains

ученый

tuhanku

раввин

imam

имам

sami

монах

paderi

священник

alat

инструменты

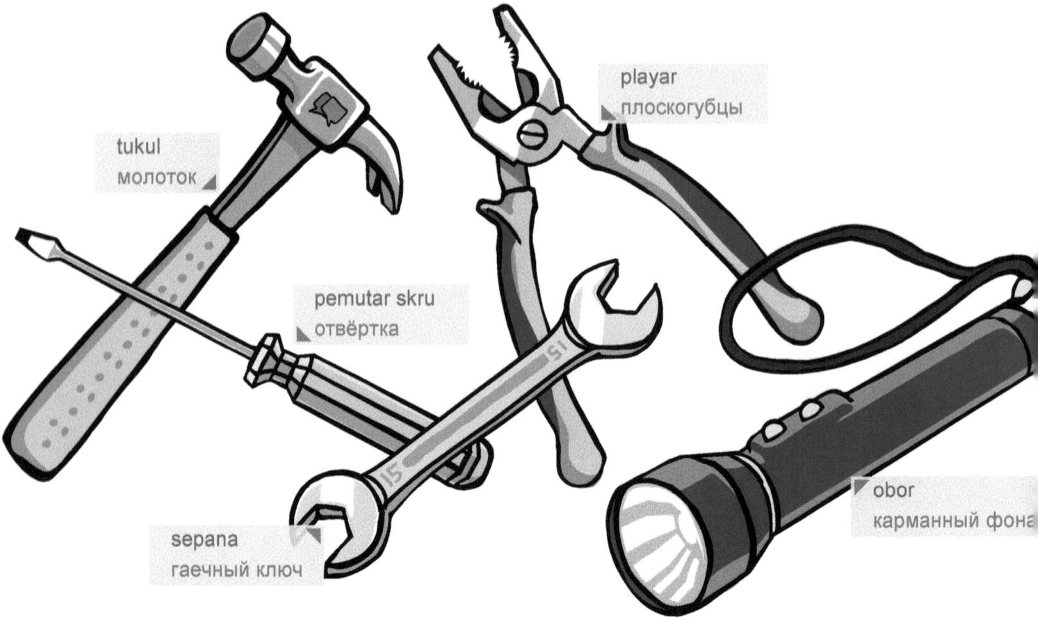

tukul
молоток
playar
плоскогубцы
pemutar skru
отвёртка
sepana
гаечный ключ
obor
карманный фона

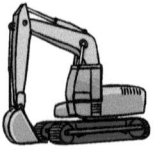

pengorek

экскаватор

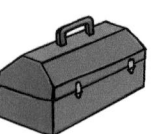

kotak peralatan

ящик для инструментов

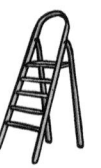

tangga

стремянка

gergaji

пила

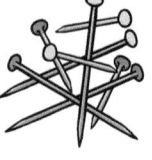

kuku

гвозди

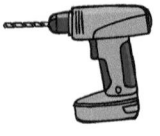

gerudi

дрель

baiki

ремонтировать

penyodok

лопата

Celaka!

Блин!

penadah sampah

совок

periuk cat

ведро с краской

skru

винты

alat muzik
музыкальные инструменты

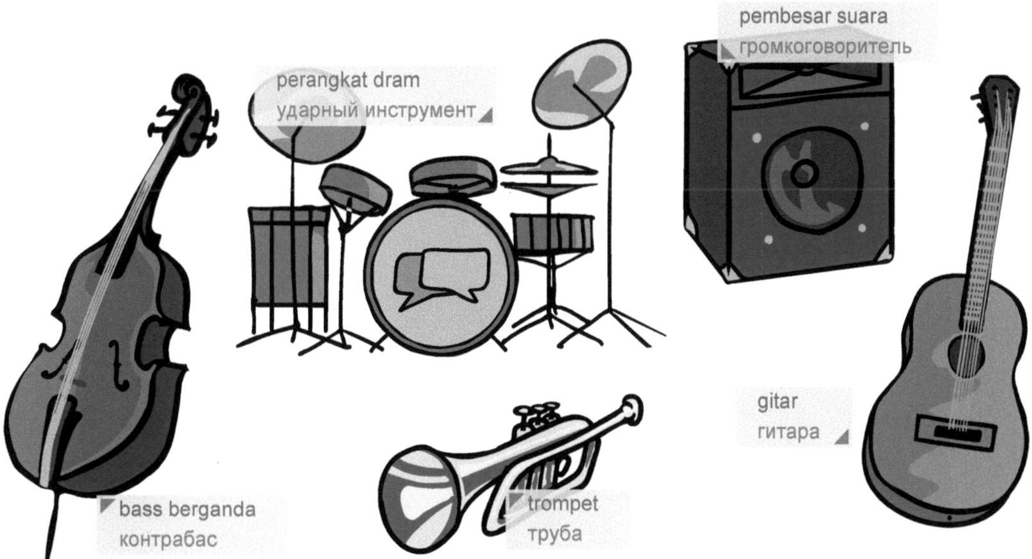

pembesar suara
громкоговоритель

perangkat dram
ударный инструмент

gitar
гитара

bass berganda
контрабас

trompet
труба

piano

пианино

biola

скрипка

bass

бас-гитара

timpani

литавры

dram

барабан

papan kekunci

синтезатор

saksofon

саксофон

seruling

флейта

mikrofon

микрофон

zoo

зоопарк

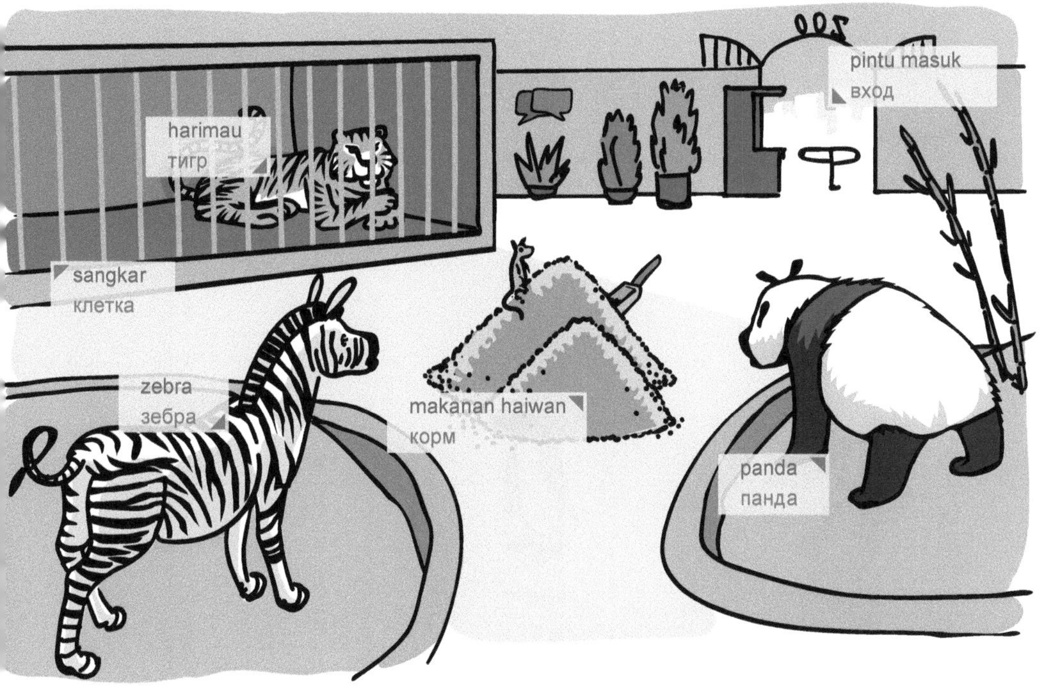

pintu masuk
вход
harimau
тигр
sangkar
клетка
zebra
зебра
makanan haiwan
корм
panda
панда

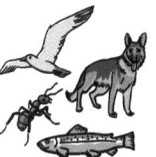

haiwan

животные

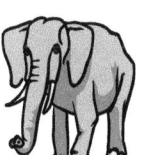

gajah

слон

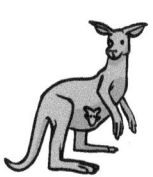

kanggaru

кенгуру

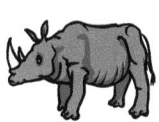

badak sumbu

носорог

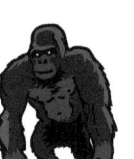

gorila

горилла

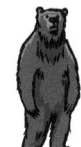

beruang

медведь

unta

верблюд

burung unta

страус

singa

лев

monyet

обезьяна

flamingo

фламинго

nuri

попугай

beruang kutub

белый медведь

penguin

пингвин

yu

акула

merak

павлин

ular

змея

buaya

крокодил

penjaga zoo

служитель зоопарка

anjing laut

тюлень

jaguar

ягуар

kuda

пони

harimau

леопард

badak air

бегемот

zirafah

жираф

helang

орёл

babi jantan

кабан

ikan

рыба

penyu

черепаха

anjing laut

морж

musang

лиса

rusa

газель

bola sepak Amerika
американский футбол

berbasikal
езда на велосипеде

tenis
теннис

bola keranjang
баскетбол

renang
плавание

hoki ais
хоккей

tinju
бокс

bola sepak
футбол

badminton
бадминтон

olahraga
лёгкая атлетика

bola baling
гандбол

ski
лыжный спорт

polo
поло

lompat
прыгать

peluk
обнимать

ketawa
смеяться

berjalan
идти

menyanyi
петь

mimpi
мечтать

berdoa
молиться

cium
целовать

tulis
писать

lukis
рисовать

tunjuk
показывать

tolak
нажимать

beri
давать

ambil
брать

ada

иметь

buat

делать

ialah

быть

berdiri

стоять

lari

бежать

tarik

тянуть

buang

бросать

jatuh

падать

tipu

лежать

tunggu

ждать

bawa

носить

duduk

сидеть

pakai

надевать

tidur

спать

bangkit

просыпаться

lihat pada

рассматривать

menangis

плакать

strok

гладить

sikat

причесывать

cakap

говорить

faham

понимать

tanya

спрашивать

dengar

слушать

minum

пить

makan

кушать

mengemas

наводить порядок

sayang

любить

masak

готовить

pandu

ехать

terbang

летать

belayar

ходить под парусом

kira

считать

baca

читать

belajar

учиться

kerja

работать

nikah

вступать в брак

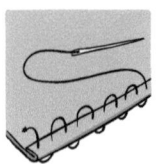

jahit

шить

memberus gigi

чистить зубы

bunuh

убивать

asap

курить

hantar

отправлять

nenek
бабушка

datuk
дедушка

bapa
папа

ibu
мама

bayi
младенец

anak perempuan
дочь

anak lelaki
сын

tetamu

гость

mak cik

тетя

pak cik

дядя

abang

брат

kakak

сестра

badan
тело

dahi
лоб
mata
глаз
bahu
плечо
jari
палец
muka
лицо
dagu
подбородок
tangan
кисть
kaki
нога
dada
грудь
lengan
рука

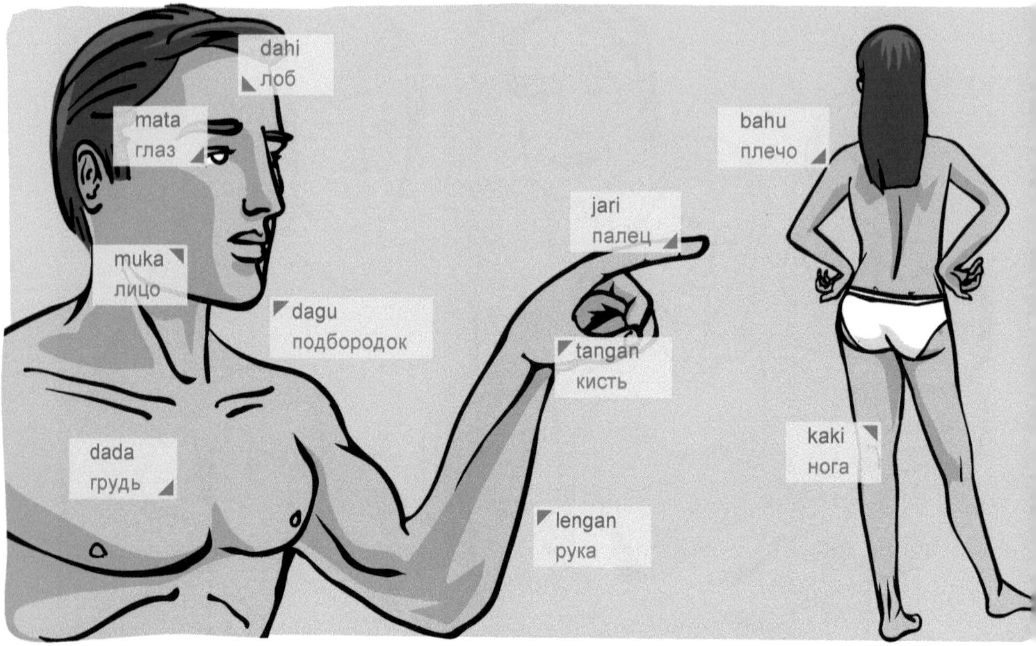

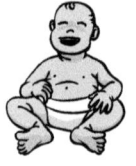

bayi

младенец

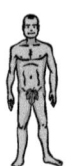

lelaki

мужчина

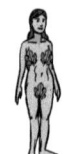

wanita

женщина

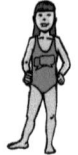

perempuan

девочка

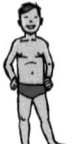

lelaki

мальчик

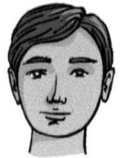

kepala

голова

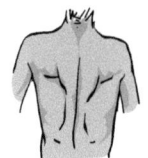

belakang

спина

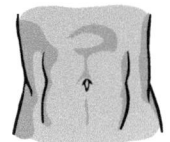

bawah perut

живот

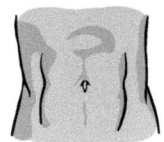

pusat

пупок

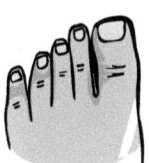

jari kaki

палец ноги

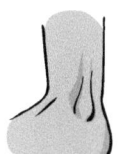

tumit

пятка

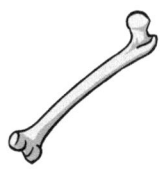

tulang

кость

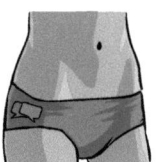

pinggul

бедро

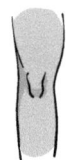

lutut

колено

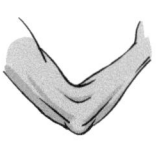

siku

локоть

hidung

нос

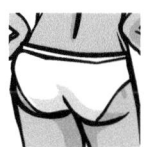

bawah

ягодицы

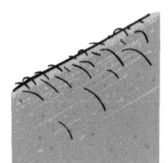

kulit

кожа

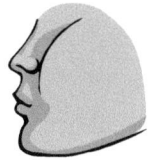

pipi

щека

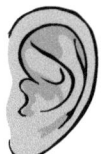

telinga

ухо

bibir

губа

mulut

рот

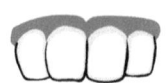

gigi

зуб

lidah

язык

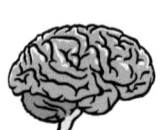

otak

мозг

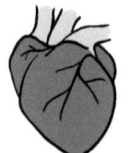

hati

сердце

otot

мышца

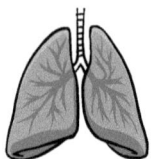

paru-paru

лёгкое

hati

печень

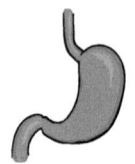

perut

желудок

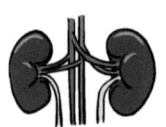

buah pinggang

почки

seks

половой акт

kondom

презерватив

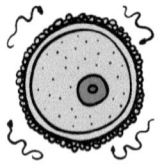

faraj

яйцеклетка

mani

сперма

mengandung

беременность

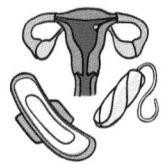

haid

менструация

faraj

вагина

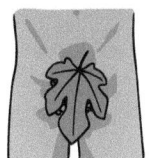

penis

пенис

kening

бровь

rambut

волосы

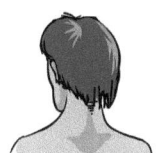

leher

шея

hospital

больница

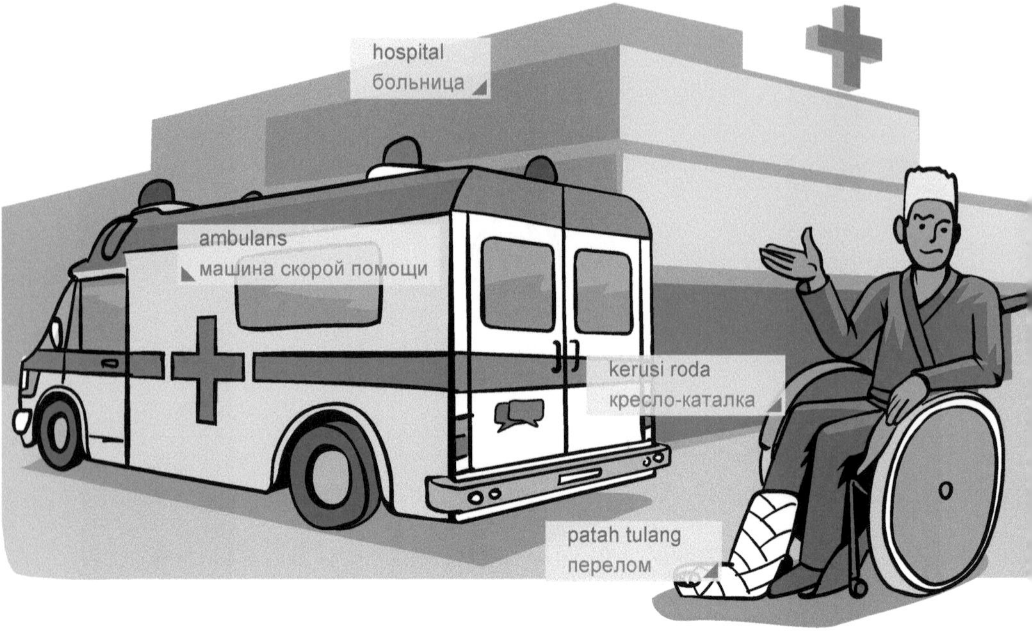

hospital
больница
ambulans
машина скорой помощи
kerusi roda
кресло-каталка
patah tulang
перелом

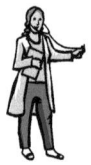

doktor

врач

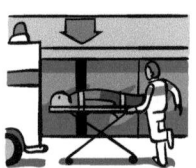

bilik kecemasan

пункт первой помощи

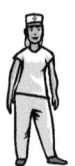

jururawat

медсестра

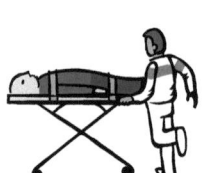

kecemasan

неотложный случай

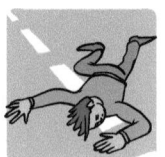

tak sedar

без сознания

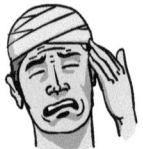

sakit

боль

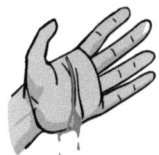

kecederaan

повреждение

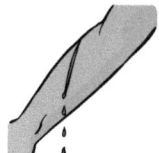

pendarahan

кровотечение

serangan jantung

инфаркт

strok

инсульт

alergi

аллергия

batuk

кашель

demam

повышенная температура

selesema

грипп

cirit-birit

понос

sakit kepala

головная боль

kanser

рак

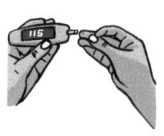

diabetes

диабет

pakar bedah

хирург

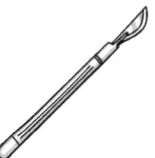

pisau bedah

скальпель

pembedahan

операция

CT

КТ

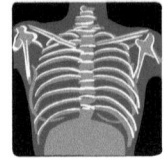

x-ray

рентген

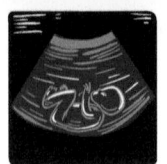

ultrabunyi

ультразвук

topeng muka

маска

penyakit

болезнь

bilik menunggu

приёмная

penongkat

костыль

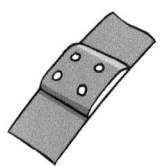

plaster

пластырь

pembalut

бинт

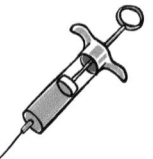

suntikan

укол

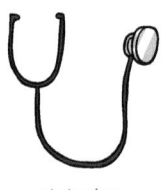

stetoskop

стетоскоп

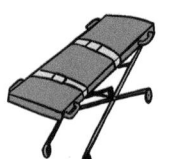

pengusung

носилки

termometer klinik

термометр

kelahiran

рождение

berat badan berlebihan

избыточный вес

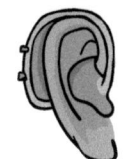

alat pendengaran

слуховой аппарат

disinfektan

дезинфекционное средство

jangkitan

инфекция

virus

вирус

HIV / AIDS

ВИЧ / СПИД

perubatan

лекарство

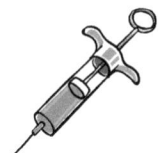

vaksinasi

прививка

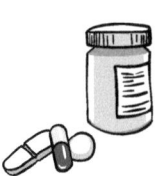

tablet

таблетки

pil

противозачаточная таблетка

panggilan kecemasan

экстренный вызов

pantau tekanan darah

прибор для измерения кровяного давления

sakit / sihat

больной / здоровый

Tolong!

Помогите!

penggera

сигнал тревоги

serang

нападение

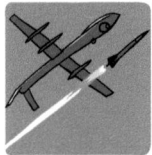

serangan

атака

bahaya

опасность

pintu kecemasan

запасной выход

Api!

Пожар!

alat pemadam api

огнетушитель

kemalangan

несчастный случай

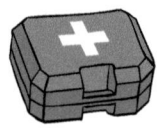

alat pertolongan cemas

аптечка

SOS

SOS

polis

милиция

Eropah

Европа

Amerika Utara

Северная Америка

Amerika Selatan

Южная Америка

Afrika

Африка

Asia

Азия

Australia

Австралия

Atlantic

Атлантический океан

Pasifik

Тихий океан

Lautan Hindi

Индийский океан

Lautan Antartik

Антарктический океан

Lautan Artik

Северный Ледовитый океан

Kutub utara

Северный полюс

Kutub Selatan

Южный полюс

Antartika

Антарктика

bumi

земля

tanah

суша

laut

море

pulau

остров

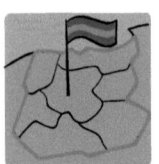

negara

нация

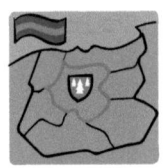

negeri

государство

bumi - земля

muka jam

циферблат

tangan jam

часовая стрелка

tangan minit

минутная стрелка

terpakai

секундная стрелка

Jam berapa sekarang

Который час?

hari

день

masa

время

sekarang

сейчас

jam digital

электронные часы

minit

минута

jam

час

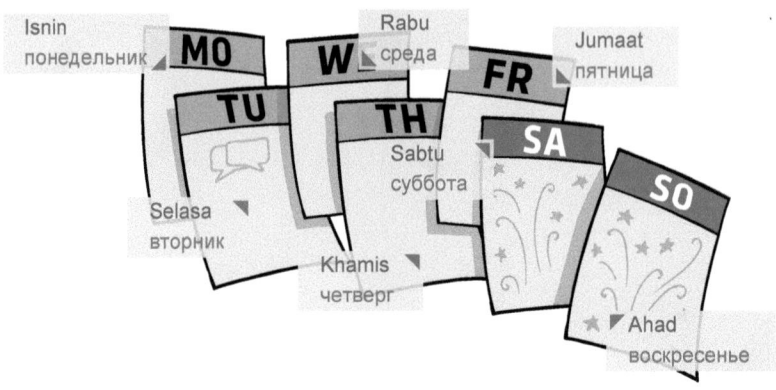

Isnin / понедельник — MO
Rabu / среда — W
Jumaat / пятница — FR
TU
TH
Sabtu / суббота — SA
SO
Selasa / вторник
Khamis / четверг
Ahad / воскресенье

semalam

вчера

hari ini

сегодня

esok

завтра

pagi

утро

tengah hari

полдень

petang

вечер

hari kerja

рабочие дни

hari minggu

выходные

tahun

год

hujan
дождь
pelangi
радуга
angin
ветер
salji
снег
musim bunga
весна
musim panas
лето
musim luruh
осень
musim salji
зима

4.APRIL 11°
5.APRIL 4°
6.APRIL 13°
7.APRIL 8°
8.APRIL 10°

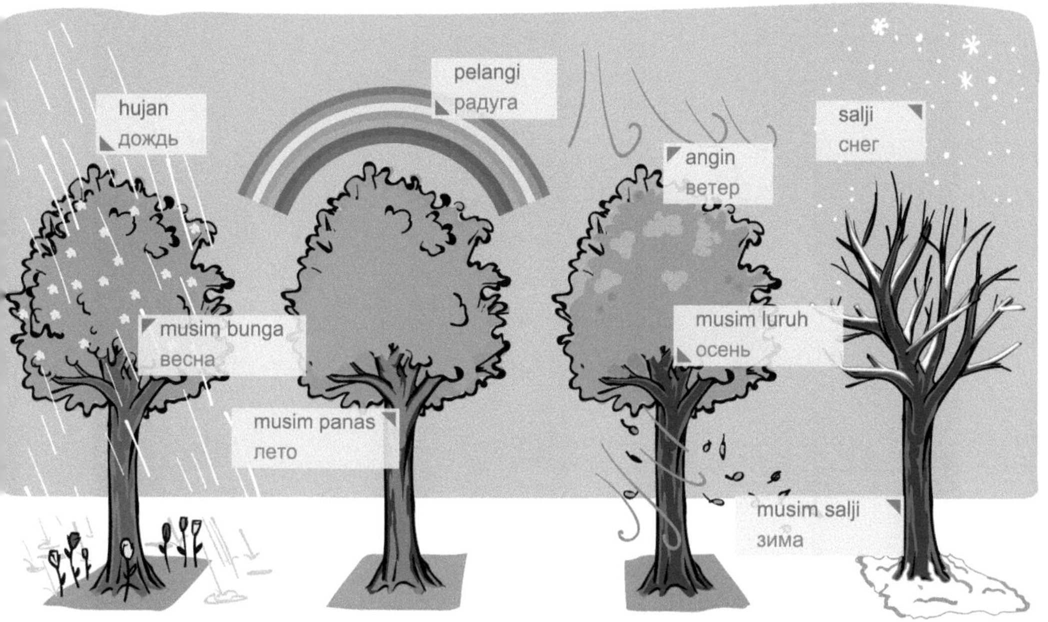

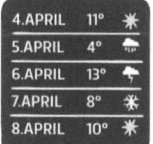

ramalan cuaca

прогноз погоды

F C
120 40
90 30
60 20
30 10
0 0
-30 -10
-20

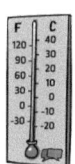

termometer

термометр

sinar matahari

солнечный свет

awan

туча

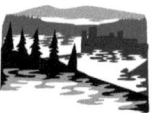

kabus

туман

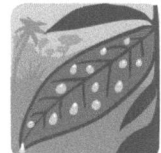

lembapan

влажность воздуха

kilat

молния

petir

гром

ribut

буря

hujan batu

град

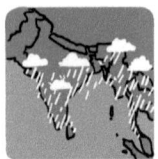

monsun

муссон

banjir

наводнение

ais

лёд

Januari

январь

Februari

февраль

Mac

март

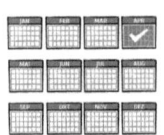

April

апрель

Mei

май

Jun

июнь

Julai

июль

Ogos

август

September
....
сентябрь

Oktober
....
октябрь

November
....
ноябрь

Disember
....
декабрь

bulatan
....
круг

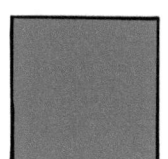

petak
....
квадрат

segi empat tepat
....
прямоугольник

segitiga
....
треугольник

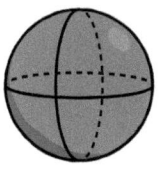

sfera
....
шар

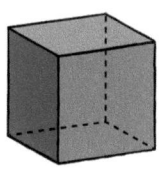

kiub
....
куб

putih

белый

kuning

желтый

oren

оранжевый

merah jambu

розовый

merah

красный

ungu

лиловый

biru

синий

hijau

зелёный

coklat

коричневый

kelabu

серый

hitam

черный

banyak / sedikit

много / мало

marah / tenang

яростный / мирный

cantik / hodoh

красивый / уродливый

bermula / tamat

начало / конец

besar kecil

большой / маленький

terang / gelap

светлый / темный

abang / kakak

брат / сестра

bersih / kotor

чистый / грязный

lengkap / tidak lengkap

полный / неполный

hari / malam

день / ночь

mati / hidup

мёртвый / живой

luas / sempit

широкий / узкий

boleh dimakan / tidak boleh dimakan

съедобный / несъедобный

jahat / baik

злой / дружелюбный

teruja / bosan

взволнованный / скучающий

gemuk / kurus

толстый / худой

pertama / terakhir

сначала / в конце

kawan / musuh

друг / враг

penuh / kosong

полный / пустой

keras / lembut

твёрдый / мягкий

berat / ringan

тяжёлый / легкий

lapar / dahaga

голод / жажда

sakit / sihat

больной / здоровый

menyalahi undang-undang / undang-undang

незаконный / законный

pintar / bodoh

умный / глупый

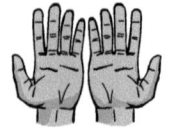

kiri / kanan

слева / справа

dekat / jauh

близко / далеко

baru / lama

новый / подержанный

tiada / sesuatu

ничто / нечто

tua / muda

старый / молодой

hidup / mati

включено / выключено

terbuka / tertutup

открыто / закрыто

diam / bising

тихо / громко

kaya / miskin

богатый / бедный

betul / salah

правильный /
неправильный

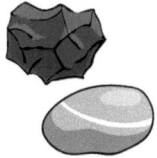

kasar / halus

шероховатый / гладкий

sedih / gembira

печальный / счастливый

pendek / panjang

короткий / длинный

lambat / laju

медленный / быстрый

basah / kering

мокрый / сухой

panas / sejuk

тёплый / прохладный

berperang / berdamai

война / мир

0

sifar

ноль

1

satu

один

2

dua

два

3

tiga

три

4

empat

четыре

5

lima

пять

6

enam

шесть

7

tujuh

семь

8

lapan

восемь

9

sembilan

девять

10

sepuluh

десять

11

sebelas

одиннадцать

12

dua belas

двенадцать

13

tiga belas

тринадцать

14

empat belas

четырнадцать

15

lima belas

пятнадцать

16

enam belas

шестнадцать

17

tujuh belas

семнадцать

18

lapan belas

восемнадцать

19

Sembilan belas

девятнадцать

20

dua puluh

двадцать

100

ratus

сто

1.000

ribu

тысяча

1.000.000

juta

миллион

Bahasa Inggeris

английский

Bahasa Inggeris Amerika

американский английский

Bahasa Cina Mandarin

мандаринский китайский

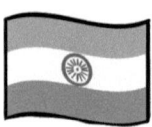

Bahasa Hindi

хинди

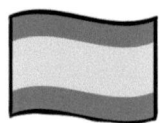

Bahasa Sepanyol

испанский

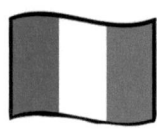

Bahasa Perancis

французский

Bahasa Arab

арабский

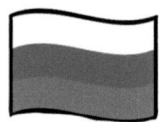

Bahasa Rusia

русский

Bahasa Portugis

португальский

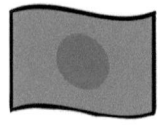

Bahasa Benggali

бенгальский

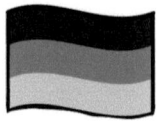

Bahasa Jerman

немецкий

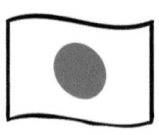

Bahasa Jepun

японский

saya

я

anda

ты

dia / dia / ia

он / она / оно

kita

мы

anda

вы

mereka

они

siapa?

кто?

apa?

что?

bagaimana?

как?

di mana?

где?

bila?

когда?

nama

имя

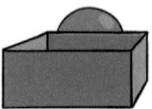

belakang

за

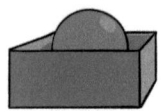

dalam

в

di hadapan

перед

lebih

над

pada

на

di bawah

под

bersebelahan

рядом

antara

между

tempat

место